Grimms Märchen zur Weihnachtszeit

Lesen, Backen, Basteln

Mit Illustrationen
von Bianka Leonhardt

XENOS

ISBN-10: 3-8212-2800-8
ISBN-13: 978-3-8212-2800-6

Am Hehsel 40, 22339 Hamburg
Illustrationen: Bianka Leonhardt, Hamburg
Konzept und Text: Gabriella Engelmann
Gestaltung und Satz: D-to-B, Hamburg

Printed in Belgium

Inhaltverzeichnis

Hänsel und Gretel

Einst lebten ein Holzhacker und seine Frau mit ihren Kindern Hänsel und Gretel in einem großen, dunklen Wald. Die Zeiten waren hart und die Familie sehr arm. Bald hatten sie kaum noch etwas zu essen, und die Stiefmutter sagte eines Tages zu ihrem Mann: „Wenn wir nicht verhungern wollen, müssen wir die Kinder fortschicken. Wir werden sie in den Wald hinausführen und ihnen ein Stück Brot mitgeben. Danach lassen wir die beiden allein." Der Holzfäller war sehr traurig angesichts der Worte seiner Frau, aber er wusste auch keine andere Lösung. Die Kinder, zu hungrig zum Schlafen, hatten das Gespräch der Eltern belauscht und bekamen es mit der Angst zu tun. „Liebe Gretel, sei nicht traurig. Ich werde schon auf uns aufpassen", versuchte Hänsel seine kleine Schwester zu beruhigen. So ging die Familie am nächsten Tag in den Wald, und Hänsel ließ Brotkrümel auf den Weg fallen, damit sie den Weg nach Hause leichter finden konnten. Doch leider hatten auch die Vögel des Waldes Hunger und pickten die Krümel auf, sodass die Geschwister den Heimweg nicht mehr fanden und sich tief im Wald verirrten. Ängstlich hielten sie sich an der Hand und gingen immer weiter, bis sie schließlich in der Ferne ein Häuschen entdeckten. Es war wunderschön und duftete sehr gut, weil es aus Lebkuchen und Zucker gebaut war. Da Hänsel und Gretel sehr hungrig waren, brachen beide ein Stück vom Fensterladen ab. Da rief eine Stimme aus dem Innern des Hauses: „Knusper, knusper, Knäuschen, wer knuspert an meinem Häuschen?" Die Kinder antworteten: „Der Wind, der Wind, das himmlische Kind." Die beiden erschraken furchtbar, als eine alte Frau aus der Tür trat. Doch diese lächelte freundlich und bat die Kinder ins Haus, wo es schön warm war. Die nette alte Frau war in Wahrheit eine bösartige

Hexe und ganz versessen auf kleine Kinder. Ehe er sich's versah, fand Hänsel sich eingesperrt in einem Käfig wieder. „Noch bist du mir zu mager, aber wenn du etwas Speck auf den Rippen hast, wird es mir ein Vergnügen sein, dich zu verspeisen“, sagte die Hexe und lachte böse. Gretel sollte nun für die alte Hexe arbeiten, während ihr Bruder im Käfig saß. Jeden Tag musste dieser seinen Finger durch die Gitterstäbe stecken, um zu zeigen, ob er schon dicker geworden war. Aber Hänsel war schlau und streckte der Hexe anstelle seines Fingers einen Hühnerknochen entgegen. Diese wunderte sich, weil der Junge nicht zunahm und wurde immer ärgerlicher. „Zünde ein Feuer an, Gretel, und sieh nach, ob der Backofen schon heiß genug ist“, befahl sie eines Tages. „Ich habe so etwas noch nie gemacht“, antwortete diese, weil sie ahnte, dass die Hexe nichts Gutes im Schilde führte. „Du dummes Ding, muss ich denn alles allein machen?“, zeterte die Hexe und steckte schließlich selbst den Kopf in den riesigen Ofen. Gretel nutzte dies, stieß sie tief hinein und schloss den Riegel der Öffnung. Die Hexe verbrannte jämmerlich. Dann lief Gretel zu ihrem Bruder und befreite ihn aus seinem Gefängnis. Glücklich wie nie zuvor verloren die Kinder ihre Angst und fanden in allen Ecken des Hexenhauses Kästen mit Perlen und Edelsteinen. Sie steckten so viel sie konnten in die Taschen und machten sich auf den Weg nach Hause. Das war gar nicht so leicht, aber zu guter Letzt fanden sie die Hütte und waren endlich wieder zu Hause bei ihrem Vater. Der war aus Angst um seine Kinder fast verrückt geworden und schloss sie glücklich in die Arme. Die Frau war indes gestorben. Von diesem Tag an lebten sie glücklich und zufrieden ohne Hunger und Sorgen.

Hänsel und Gretel

Hu, hu, da schaut' eine alte Hexe raus!
Lockte die Kinder ins Pfefferkuchenhaus.
Sie stellte sich gar freundlich, o Hänsel, welche Not!
Ihn wollt' sie braten im Ofen braun wie Brot!

Doch als die Hexe zum Ofen schaut' hinein,
ward sie gestoßen von unserem Gretelein.
Die Hexe mußte braten, die Kinder gehn nach Haus.
Nun ist das Märchen von Hans und Gretel aus.

Knusperhäuschen

Dieses Rezept braucht etwas Zeit und Geduld

Der Teig:
- 500 g Honig
- 500 g brauner Zucker
- 300 g Butter oder Margarine
- 1 kg Mehl
- 50 g Kakao
- 2 Eier
- 3 TL Lebkuchengewürz
- 4 EL Rum
- Abgeriebene Schale einer Zitrone (unbehandelt)
- 1 TL Pottasche oder Backpulver

Der Zuckerguss:
- 500 g Puderzucker
- Saft einer Zitrone

Die Verzierung:
- kleine farbige Bonbons
- Liebesperlen o. ä.

Außerdem:
- Mehl zum Ausrollen
- Backpapier, Papier und fester Karton, Lineal, Cutter (Messer)
- Frischhaltefolie

Und so gelingt es am besten:

Achtet darauf, die jeweiligen Kanten gerade zu schneiden, dann lassen sich die einzelnen Lebkuchenteile besonders einfach legen. Lasst die Platten kurz auf dem Blech abkühlen, legt sie auf ein Küchenbrett und schneidet sie im noch warmen Zustand, da die Ränder leicht abbröckeln, wenn sie bereits erkaltet sind. Den Zuckerguss könnt ihr nach Belieben färben. Verwendet dazu bitte Lebensmittelfarbe oder Fruchtsaft. Anstelle des komplizierten Ausschneidens der Fenster- und Türöffnungen könnt ihr diese auch als Verzierung aufspritzen. Hierfür solltet ihr den Zuckerguss in eine Spritztüte mit einer feinen Lochtülle füllen. Farbige Zuckerschrift gibt es auch als Fertigprodukt zu kaufen. Bereitet den Lebkuchenteig wie folgt zu:

1: Gebt Honig, Zucker und Butter in einen Topf und erhitzt die Masse unter Rühren, bis sich der Zucker aufgelöst hat. Nehmt den Inhalt vom Herd und lasst ihn in einer Rührschüssel abkühlen. Gebt 400 g Mehl, die Gewürze und das Ei zur Mischung und knetet die Masse mit den Knethaken eures Handrührers gründlich durch. Natürlich könnt ihr dazu auch eine Küchenmaschine benutzen. Verrührt die Pottasche in einer Tasse so lange mit dem Rum, bis sie sich vollständig aufgelöst hat.

Dann gebt die Mischung zum Teig und knetet diese ebenfalls unter. Knetet den Teig nun so lange weiter, bis er nicht mehr klebt und glänzt. Sollte er dies dennoch tun, gebt ihr so viel Mehl hinzu, bis der Teig fest und formbar ist. Deckt die Rührschüssel mit Frischhaltefolie ab und stellt den Teig mindestens vier Stunden in den Kühlschrank.

2: Legt euch, während der Teig abkühlt, einen Bogen in DIN A5-Format für die Dach- und Seitenteile des Knusperhäuschens bereit. Dann schneidet ihr mit einem angesetzten Dreieck ein Stück Papier in Postkartengröße für die Giebelseite zu.

3: Schneidet das Dreieck nach Belieben spitz oder flach zu. Fertigt aus dem dicken Karton mehrere Streifen an, die eine Breite von 3 cm und eine Länge von 10 cm haben sollten. Ritzt diese in der Mitte leicht mit einem Messer an und knickt sie, um einen Winkel zu erhalten.

4: Rollt den Teig portionsweise auf einer mit Mehl bestäubten Arbeitsfläche etwa 5 mm dick aus. Legt darauf die Schablonen und schneidet nacheinander je zwei Dachflächen und Seitenwände aus. Danach schneidet ihr die beiden Giebelseiten zu und legt die Teile auf ein gefettetes Blech oder das Backpapier. Schneidet die Türen und Fenster erst aus, wenn der Teig auf dem Blech liegt.

5: Knetet die Teigreste zusammen, rollt diese nochmals zu einer etwa 20 x 30 cm großen Bodenplatte aus und stellt nach eurem Geschmack die jeweilige Verzierung zusammen. So könnt ihr mit Förmchen dekorative Motive wie Sterne, Tannenbäume, Tiere oder Dachziegel ausstechen.

6: Heizt den Backofen auf 180° C vor und backt die Teile jeweils 20 Minuten lang auf mittlerer Schiene, bis sie einen goldbraunen Farbton angenommen haben. Lasst den Teig auf dem Blech etwas abkühlen, legt ihn im Anschluss auf ein Kuchengitter und lasst ihn erkalten.

7: Rührt den Puderzucker mit so viel Zitronensaft glatt, bis eine zähflüssige Masse entsteht. Klebt zunächst mit Hilfe dieser Masse die Seitenwände und die Giebelseiten auf die Lebkuchenplatten.

8: Stellt etwas zur Stabilisierung gegen die Wände, bis der Zuckerguss angetrocknet ist. Dazu eignen sich z. B. Flaschen oder Bücher. Klebt im Anschluss die Dachflächen und ggf. Türen- oder Fensterteile an. Bitte alles gut trocknen lassen!

9: Als letzten Schritt könnt ihr das Knusperhäuschen nach Herzenslust verzieren. Beklebt es mit buntem Zuckerwerk oder nutzt den Zuckerguss aus der Spritzpistole – eurer Fantasie sind keine Grenzen gesetzt! Zu guter Letzt könnt ihr das Haus mit einer dicken Schicht Puderzucker bestäuben, das zaubert Weihnachtsglanz auf euer kleines Kunstwerk!

Schneewittchen und die sieben Zwerge

An einem kalten Wintertag saß einst eine Königin am Fenster ihres Zimmers im Schloss und nähte. Dabei stach sie sich in den Finger. Drei Tropfen Blut fielen in den weißen Schnee. Die Königin war ganz versunken in den Anblick und dachte an das Kind, das sie sich seit langem sehnlichst wünschte. „Ich wollte, ich hätte ein Kind mit einer Haut so weiß wie Schnee, mit Lippen so rot wie Blut und Haaren so schwarz wie das Ebenholz des Fensterrahmens", dachte sie und seufzte schwer. Nicht allzu lange Zeit darauf bekam sie eine Tochter, die genau so aussah, wie sie es sich gewünscht hatte. Das Mädchen wurde Schneewittchen genannt, und kurz nachdem das Kind geboren war, verstarb die Königin. Nach dem Trauerjahr heiratete der König ein zweites Mal. Seine Frau war wunderschön, aber auch hochmütig und stolz und immer darauf bedacht, dass niemand schöner war als sie. Sie blickte jeden Tag in ihren Spiegel, der von besonderer Art war und stellte ihm immer wieder dieselbe Frage: „Spieglein, Spieglein an der Wand, wer ist die Schönste im ganzen Land?" Und jedes Mal antwortete der Spiegel: „Frau Königin, Ihr seid die Schönste im ganzen Land." Schneewittchen wuchs heran und wurde dabei von Tag zu Tag schöner. Und eines Tages antwortete der Spiegel auf die Frage der Königin: „Frau Königin, Ihr seid die Schönste hier, aber Schneewittchen ist tausendmal schöner als Ihr." Nach dieser Antwort begann die Königin das kleine Mädchen zu hassen. Der Neid auf Schneewittchen wuchs in ihr, und sie fand keine Ruhe mehr. Ihr Hass ging so weit, dass sie eines Tages einen Jäger rief und ihm

befahl, Schneewittchen zu töten: „Geh mit ihr in den Wald und komm nicht eher wieder, bis es tot ist!“ Doch der Jäger bekam Mitleid mit Schneewittchen und versprach, es laufen zu lassen, unter der Bedingung, dass es nie wieder zum Schloss zurückkehren würde. Schneewittchen irrte nun einsam und verlassen durch den tiefen, dunklen Wald und wusste nicht, wohin es gehen sollte. Am Abend kam sie an ein Häuschen, und als auf ihr Klopfen niemand öffnete, trat sie ein, um sich aufzuwärmen und auszuruhen. Drinnen war es äußerst seltsam! Alles war winzig klein und zierlich. In der

Mitte der Stube stand ein Tischchen, gedeckt mit sieben kleinen Tellern, sieben Löfflein und sieben Becherlein. Schneewittchen war sehr hungrig und durstig, sodass es von jedem der Gedecke ein wenig aß und trank. Dann wurde es sehr müde, legte sich in eins der sieben kleinen Betten und schlief sofort ein. In diesem seltsamen kleinen Häuschen wohnten sieben Zwerge, und als diese nach Hause kamen und sahen, was geschehen war, riefen sie erstaunt: „Wer hat von meinem Tellerchen gegessen?“ „Wer hat aus meinem Becherchen getrunken?“ und „Wer schläft da in meinem Bettchen?“, als sie das schlafende Schneewittchen entdeckten. Die Zwerge freuten sich über diesen ungewöhnlichen Besuch und ließen das Mädchen schlafen. Schneewittchen erschrak, als es am nächsten Morgen erwachte und die Zwerge sah, doch diese beruhigten es und nahmen es sehr freundlich auf. Das Mädchen erzählte, was ihm Böses widerfahren war. „Willst du nicht bei uns bleiben?“, riefen die Zwerge erfreut. „Du könntest uns im Haushalt helfen“, schlugen sie vor, und so kam es, dass Schneewittchen bei Ihnen blieb. Sieben lange Jahre putzte und kochte es für die sieben Zwerge und sorgte für sie. Die Königin war glücklich und zufrieden, weil sie dachte, Schneewittchen sei nicht mehr am Leben. Sie erschrak sehr, als eines Tages der Spiegel auf ihre tägliche Frage antwortete: „Frau Königin, Ihr seid die Schönste hier, aber Schneewittchen über den Bergen bei den sieben Zwergen ist noch tausendmal schöner als ihr.“. Die Königin tobte vor Wut. Das Mädchen war also noch am Leben! Sofort machte sie sich auf den Weg, um Schneewittchen zu suchen. Es dauerte nicht lange, bis sie das Häuschen der Zwerge gefunden hatte und als Krämerin verkleidet allerlei Waren anbot. Auf ihr Klopfen ließ Schneewittchen sie herein und bestaunte all die Kämme und bunten Bänder, welche die Königin mit sich führte. Doch kaum hatte es sich einen der Kämme in das schwarze Haar gesteckt, sank es auch schon zu Boden, als wäre es tot. Die Königin hatte den Kamm nämlich mit Gift versetzt, und als die Zwerge abends

nach Hause kamen, fanden sie Schneewittchen leblos am Boden liegen. Sie zogen ihr den Kamm aus dem Haar, und plötzlich erwachte das Mädchen wieder. Die Zwerge freuten sich sehr, sie hatten Schneewittchen im Laufe der sieben Jahre nämlich sehr lieb gewonnen. „Das ist sicher das Werk deiner bösen Stiefmutter“, vermuteten sie, und Schneewittchen musste versprechen, dass es nie wieder einen fremden Menschen ins Haus lassen würde. Die Königin erfuhr jedoch von ihrem Spiegel, dass ihr Versuch, Schneewittchen zu töten, fehlgeschlagen war. Wutentbrannt ersann sie einen neuen Plan: Verkleidet als Bäuerin bot sie Schneewittchen einige Tage später saftigglänzende rote Äpfel an, doch das Mädchen ließ sie weder ins Haus noch wollte es etwas annehmen. Da schnitt die vermeintliche Bäuerin einen Apfel entzwei, reichte die eine Hälfte Schneewittchen durchs Fenster und biss selbst vom anderen Teil ab. Da konnte Schneewittchen dem köstlichen Duft nicht mehr widerstehen, nahm den vergifteten Apfel und aß ihn auf. Das Mädchen fiel auf der Stelle tot um. Diesmal konnten die sieben Zwerge nichts mehr für Schneewittchen tun. Sie tobten und weinten vor Kummer und Schmerz. Dann legten die Zwerge Schneewittchen in einen gläsernen Sarg, weil sie es nicht in der dunklen, kalten Erde begraben wollten. Tag um Tag hielten sie Wache am Sarg und weinten um Schneewittchen. Da begab es sich, dass ein Königssohn in den Wald kam und Schneewittchen sah, wie es in seinem Sarg lag. Er verliebte sich auf der Stelle in das Mädchen und wollte nicht mehr von seiner Seite weichen. „Ich gebe euch, was immer ihr haben möchtet, wenn ihr mir diesen Sarg überlasst“, sagte er zu den sieben Zwergen, doch die wollten ihr Schneewittchen nicht hergeben. Erst als sie sahen, wie wichtig dem Königssohn das Mädchen war, gaben sie ihr Einverständnis. Als jedoch die Diener des Prinzen den Sarg davontragen sollten, stolperte einer von ihnen. Da machte es plötzlich einen großen Ruck, und der vergiftete Apfel fuhr aus Schneewittchens Hals. Langsam erwachte es, sah dem Königssohn in die Augen, und da war es schon um sie geschehen: Schneewittchen wollte für immer bei dem Prinzen bleiben. Schon bald wurde eine riesengroße und wunderschöne Hochzeit gefeiert, zu der auch die böse Stiefmutter eingeladen war. Als diese aber in der Braut des Königssohnes Schneewittchen erkannte, fiel sie vor Schreck um und starb vor Gram.

SÜSSE SCHNEEMÄNNER

Die sieben Zwerge vermissen Schneewittchen, nachdem es den Königssohn geheiratet hat. Eines Tages beschließen sie, das Mädchen zu besuchen, und machen sich auf den Weg zum Schloss, in dem es wohnt. Im Gepäck haben sie Süßigkeiten und eine Kette aus sieben Schneemännern, damit sich Schneewittchen immer an seine Freunde erinnert.

Und das brauchst du dazu:

- 2 große weiße Marshmallows
- 3 kleine weiße Marshmallows
- Zuckerschrift aus der Tube
- 2 Zahnstocher

Und so wird's gemacht:

1: Zuerst steckst du die beiden großen Marshmallows übereinander. Dazu brauchst du einen Zahnstocher. Es ist wichtig, darauf zu achten, dass aus dem oberen Marshmallow noch ein Stück des Zahnstochers herausguckt, auf das du als nächstes das kleinere Marshmallow als Kopf steckst.

2: Schiebe den zweiten Zahnstocher quer durch den Oberkörper des Schneemanns, so dass an beiden Enden jeweils ein Stück herausragt. Darauf steckst du nun die übrigen Marshmallows. Diese bilden die Arme.

3: Nun kannst du dem Schneemann mit der Zuckerschrift ein Gesicht aufmalen und natürlich Knöpfe für seinen Mantel. Fertig ist der Schneemann!

Schneemannkette

Und das brauchst du dazu:

- Weiße und schwarze Pappe
- Schere
- Klebstoff
- Beutelverschlüsse (aus dem Drogeriemarkt)
- Schwarzer und roter Buntstift

Und so wird's gemacht:

Schneide aus der weißen Pappe jeweils einen großen und einen kleinen Kreis aus. Als Vorlage sind eine leere Dose oder Ähnliches hilfreich. An dem großen Kreis befestigst du links und rechts sowie unten insgesamt vier Beutelverschlüsse, indem du diese mit Uhu anklebst. Die Verschlüsse sehen nun aus wie kleine Arme und Beine. Jetzt kannst du die Enden zu kleinen Haken umbiegen. Mit den Buntstiften zeichnest du nun das Gesicht auf den kleineren Kreis und klebst dieses am größeren Kreis fest. Vergiss dabei die rote Karottennase nicht! Zeichne dir auf der schwarzen Pappe einen Zylinderhut vor, schneide ihn anschließend aus und setze ihn auf den Kopf des Schneemanns. Und jetzt kann es losgehen: Lege deine fertigen Schneemänner auf eine ebene Unterfläche und nimm den ersten in die Hand. Versuche anhand der umgebogenen Arme den nächsten aufzugabeln. Das machst du so lange, bis du alle Schneemänner „an die Kette gelegt" hast. So eine Schneemannkette kannst du als Dekoration am Weihnachtsbaum befestigen, am Fenster oder überall dort, wo es weihnachtlich aussehen soll.

Frau Holle

Es waren einmal zwei Schwestern. Doch die beiden waren sich so wenig ähnlich, dass man kaum glauben konnte, dass sie wirklich Schwestern waren. Die eine war wunderschön, freundlich zu jedermann und sehr fleißig. Die andere hingegen war hässlich wie die Nacht und faul. Die schöne Schwester saß jeden Tag am Brunnen des Hauses, sang ein Lied und spann Wolle. Eines Tages war ihre Spindel so schmutzig geworden, dass das Mädchen sie im klaren Wasser des Brunnens waschen musste. Dabei machte sie eine ungeschickte Bewegung, und die Spindel fiel hinab in den tiefen Brunnen. Das Mädchen wollte die Spindel wiederhaben und sprang ohne zu überlegen hinterher. Es fiel immer tiefer, und gerade als es es mit der Angst zu tun bekam, stand es plötzlich auf einer großen Wiese. Diese war wunderschön und über und über mit bunten Blumen besät. Mitten im Blumenmeer stand ein Baum, der sich schon bog, weil so viele knackige, rote Äpfel an seinen Zweigen hingen. Da vernahm das Mädchen auf einmal eine Stimme, die rief: „Ach, rüttle mich und schüttle mich. Meine Äpfel sind reif!" Das Mädchen wunderte sich zwar, wollte dem Baum aber helfen und schüttelte ihn so lange, bis auch der letzte Apfel im Gras lag. Es ging weiter, bis es an ein Häuschen kam. Darin wohnte eine alte Frau, die gerade aus dem Fenster sah, als das Mädchen des Weges kam.

Sie sagte freundlich: „Ich bin Frau Holle. Hast du Lust hier bei mir zu bleiben? Ich fühle mich manchmal etwas einsam und würde mich über ein wenig Hilfe freuen. Du könntest mein Bett machen und die Kissen aufschütteln, bis die Federn fliegen. Dann schneit es auf der ganzen Welt und du magst doch Schnee, oder?" Das Mädchen überlegte einen Augenblick, lächelte der alten Frau zu, nickte und blieb bei ihr. Weil das Mädchen von Natur aus fleißig war, machte ihm die Arbeit Spaß und so blieb es eine ganze Weile bei Frau Holle. Doch eines Tages hatte es Sehnsucht nach seinem Zuhause, was die alte Frau sehr gut verstand, obwohl sie traurig war, weil sie das Mädchen sehr lieb gewonnen hatte. Am Tag des Abschieds führte Frau Holle es an ein großes Tor. Und genau in dem Moment, als das Mädchen unter dem Tor stand, fiel ein dichter Goldregen herab und das ganze Gold blieb an ihm hängen. „Das ist der Lohn dafür,

dass du so fleißig warst und mir geholfen hast!“ erklärte Frau Holle. Dann gab sie dem Mädchen einen Kuss auf die Wange und schloss das Tor hinter ihm. Jedermann bewunderte es von nun an und zu Hause angekommen wurde es nur noch Goldmarie genannt. Die Schwester war neidisch, ging ebenfalls zum Brunnen, warf ihre Spindel hinein und sprang hinterher. Auch sie traf unten auf die große Blumenwiese und dem Apfelbaum, der voller reifer Früchte hing. Und wieder sprach er: „Ach, rüttle mich und schüttle mich. Meine Äpfel sind reif!“ Die faule Schwester hatte jedoch gar keine Lust dazu und ließ den Baum einfach links liegen, ohne sich weiter um ihn zu kümmern. Sie ging geradewegs auf das Haus von Frau Holle zu, welches sie in der Ferne entdeckt hatte und klopfte an die Tür. Auch diesmal war die alte Frau sehr freundlich und bat das Mädchen, bei ihr zu bleiben und ihr beim Betten machen zu helfen. Doch das dachte gar nicht daran, auch nur einen Finger zu krümmen und saß den ganzen Tag faul in der Ecke. Daraufhin beschloss Frau Holle eines Tages, dass das Mädchen nicht länger bei ihr bleiben könne und führte es an das Tor. Da stand die Schwester nun und wartete darauf, dass es Gold auf sie regnete. Aber anstelle des erwarteten Goldes fiel klebriges, ekelhaftes, schwarzes Pech auf sie herab. „Das ist der Lohn dafür, dass du so faul warst und es deswegen so lange nicht mehr auf der Erde geschneit hat“, sagte Frau Holle und schloss das Tor hinter sich. Das Pech jedoch blieb für immer am faulen Mädchen kleben, und es wurde fortan Pechmarie genannt.

In den Herzen wird's warm,
still schweigt Kummer und Harm,
Sorge des Lebens verhallt,
freue dich, 's Christkind kommt bald!

Bald ist heilige Nacht,
Chor der Engel erwacht,
hört nur wie lieblich es schallt:
freue dich, 's Christkind kommt bald!

Frau Holles süsse Schneeflocken

Als die fleißige Schwester an Frau Holles Küchenfenster vorbeigeht, steigt ihr ein süßer Duft in die Nase. „Das riecht aber gut“, denkt das Mädchen und geht in die Küche, um zu sehen, was Frau Holle auf dem Herd hat. „Was machen Sie denn da?“, fragt sie und sieht sich neugierig um. „Ich backe süße Schneeflocken“, antwortet Frau Holle. „Möchtest du davon probieren? Du warst heute wieder so fleißig, da hast du dir eine Belohnung verdient!“„Die schmecken ja köstlich“, ruft das Mädchen begeistert. „Möchtest du wissen, wie sie gemacht werden? Schau her, ich zeig es dir“, antwortet Frau Holle und weiht sie in das Geheimnis ihres uralten Rezeptes ein.

„Du zerschlägst vier Eier und trennst das Eiweiß vom Eigelb. Dann gibst du das reine Eiweiß in eine Schüssel und schlägst es so lange, bis es steif ist. Anschließend nimmst du 250 g Puderzucker und gibst ihn unter ständigem Weiterschlagen zum Eischnee. Die fertige Masse füllst du in einen Spritzbeutel.

Dann setzt du kleine Häufchen, die wie die Schneeflocken aussehen, die du immer aus den Betten schüttelst, auf ein Blech, das du zuvor mit Backpapier ausgelegt hast. Das Blech schiebst du in den Backofen und lässt die Flocken bei 100° C etwa 90 Minuten lang trocknen. Anschließend nimmst du die Schneeflocken vorsichtig vom Papier und lässt sie abkühlen.“

Sterntaler

Es war einmal ein kleines Mädchen, das ganz allein auf der Welt war. Seine Eltern waren gestorben, und so hatte es kein Zuhause, kein Bett zum Schlafen und nichts zu spielen.
Alles, was es hatte, waren die Kleider, die es am Körper trug und ein winziges Stück Brot, welches ihm eine freundliche Dame geschenkt hatte. Das Mädchen war jedoch nicht traurig, weil es fromm war und an den lieben Gott glaubte. „Der wird mir sicher helfen", dachte es und lief in die weite Welt hinaus. Da begegnete es einem Mann, der es um etwas zu Essen bat, weil er hungrig war. Das Mädchen dachte nicht lange nach und schenkte ihm sein Brot. Ein Stück weiter des Weges traf es ein Kind, das jammerte: „Ich friere so am Kopf, hast du nicht etwas, womit ich ihn wärmen kann?"
Daraufhin schenkte ihm das Mädchen seine bunte Wollmütze. Und so ging es immer weiter. Auf seinem Weg traf das Mädchen weitere Kinder, die ebenfalls froren. Diesen schenkte es seine Jacke und seinen Rock. Als es Nacht wurde, traf es in der Tiefe des Waldes noch ein Kind, das bitterlich weinte, weil es kein Hemdchen mehr besaß.
„Sie nicht traurig und weine nicht", sagte das Mädchen und verschenkte zu guter Letzt noch sein Hemd. Wie gut, dass es im Wald dunkel war. So sah niemand, dass das Mädchen kaum mehr etwas anhatte. Da stand es nun und überlegte, ob es noch weiter gehen sollte, als auf einmal wie durch ein Wunder Sterne vom Himmel fielen. Aus den Sternen wurden goldene Taler. Und nicht nur das! Wie durch Zauberhand hatte das Mädchen plötzlich ein neues Hemdchen mit einer Schürze an, sodass es all die vielen herabfallenden Taler einsammeln konnte. Das Mädchen lachte. Wie es schien, war es nun sehr reich und brauchte sich für den Rest seines Lebens keine Sorgen mehr zu machen.

Strohsterne

Obwohl Sterntaler so reich geworden ist, denkt es weiterhin an die, denen es nicht so gut geht. Deshalb bastelt es jedes Jahr zu Weihnachten Strohsterne und verschenkt diese zusammen mit einigen goldenen Talern an Arme. Wenn auch du anderen Menschen ein Freude machen willst, dann bastle eigene Strohsterne und mach es, wie das großzügige Mädchen. Als Taler kannst du goldene Schokoladenmünzen verwenden, die es in allen Süßwarenhandlungen zu kaufen gibt. Diese befestigst du mit einem Draht an deinem Strohstern.

Und das brauchst du:

- helle Strohhalme aus dem Bastelladen
- Klebstoff
- hellen Faden
- Nadel und Schere
- Bügeleisen

Weiche die Strohhalme einige Stunden in Wasser ein. Sobald sie richtig weich sind, ritzt du sie mit Hilfe der Nadel an den langen Seiten auf. Im Anschluss bügelst du die Halme glatt, dabei musst du aufpassen, dass das Bügeleisen nicht zu heiß ist, sonst verbrennen die Halme oder werden dunkel. Nun kannst du mit dem Flechten beginnen: Lege jeweils zwei Halme über Kreuz und befestige sie, indem du einen Faden um sie wickelst. Danach fügst du weitere Halme hinzu. Je mehr Halme du dazu verwendest, desto dichter sieht dein Stern aus. Wenn du damit fertig bist, schneidest du die Enden schräg oder gerade ab. Natürlich kannst du die Halme auch unterschiedlich lang abschneiden, dann hast du kleine oder große Sterne.

Zimtsterne

Zutaten für 40 Stück:

Für den Teig:
- 400 g gemahlene Mandeln
- 3 Eiweiß
- 300 g Zucker
- 1 TL Zitronensaft
- Abgeriebene Schale einer Zitrone (unbehandelt)
- 1 EL Zimt
- je 1 Prise gemahlene Nelken und Piment

Außerdem:
- Zucker zum Ausrollen
- Fett oder Backpapier für das Backblech
- Frischhaltefolie

Vorbereitungszeit:
- 50 Minuten

Backzeit:
- Pro Blech ca. 12 Minuten

Und so wird's gemacht:

1: Gib das Eiweiß in eine Rührschüssel und schlage es mit dem Schneebesen des Handrührers zu steifem Schnee. Die Masse muss so fest sein, dass ein Messerschnitt erkennbar bleibt.

2: Nun lässt du langsam den Zucker dazurieseln und schlägst dabei auf höchster Stufe ständig weiter, bis sich nach ca. zehn Minuten der Zucker fast vollständig aufgelöst hat. Zum Schluss rührst du den Zitronensaft vorsichtig unter.

3: Als nächstes nimmst du vier Esslöffel der schaumigen Masse ab, füllst diese in eine Tasse und deckst sie mit Folie ab. Danach stellst du sie in den Kühlschrank. Das wird die Glasurmasse.

4: Jetzt gibst du die Mandeln mit der Zitronenschale und den Gewürzen zu der Schaummasse. Mische das Ganze vorsichtig unter, am besten mit einem Spatel. So entsteht ein fester, formbarer Teig.

5: Bestreue die Arbeitsfläche mit Zimt und rolle den Teig ca. 5 mm dick aus. Am besten zuckerst du dazu das Nudelholz, damit der Teig nicht daran kleben bleibt und hebst die Unterseite des Teiges zwischendurch mit einem Spatel an.

6: Jetzt stichst du Sterne von ca. 4 cm Durchmesser mit Hilfe eines Förmchens aus und tauchst das Förmchen immer wieder in Zucker, damit kein Teig kleben bleibt.

7: Heize den Backofen auf 180° C oder auf Stufe drei beim Gasherd. Bestreiche die Sterne mit der dafür vorgesehenen Glasurmasse und lege diese im Anschluss auf ein Blech, das du eingefettet oder mit Backpapier ausgelegt hast.

8: Lege die Sterne auf das Blech, schiebe es in die Mitte des Ofens und backe den Teig ca. 12 Minuten lang. Dabei sollten die Sterne ganz hell bleiben. Setze diese im Anschluss auf ein Kuchengitter und lass sie abkühlen.

Rotkäppchen

Es war einmal ein Mädchen, das von allen geliebt wurde, aber am meisten von seiner Großmutter. Deshalb schenkte sie ihm eines Tages eine Kappe aus rotem Samt. Darüber freute sich das Mädchen so sehr, dass es sein Käppchen gar nicht mehr absetzen wollte. Aus diesem Grunde wurde es nur noch Rotkäppchen genannt. Als die Großmutter eines Tages krank wurde, machte sich Rotkäppchen auf den Weg in den Wald, um sie zu besuchen. Die Mutter gab ihm einen Korb mit einer Flasche Wein und einem Kuchen für die Großmutter mit und ermahnte das Mädchen, sich nicht vom Weg zu entfernen. Rotkäppchen versprach alles so zu tun, wie ihm die Mutter geraten hatte und hüpfte vergnügt davon. Nachdem es eine Weile gegangen war, begegnete es dem Wolf. Weil es aber nicht wusste, dass der Wolf sehr böse sein konnte, hatte es keine Angst vor ihm. „Guten Tag liebes Mädchen, wohin so früh des Weges?“, fragte er, und Rotkäppchen antwortete artig: „Ich besuche meine kranke Großmutter und bringe ihr Wein und Kuchen. „Wo wohnt denn deine Großmutter?“, fragte der Wolf listig, und Rotkäppchen beschrieb ihm den Weg. Sie kamen an eine Blumenwiese, und der Wolf sprach: „Willst du deiner Großmutter nicht einen Blumenstrauß mitbringen?“, und schon machte sich Rotkäppchen auf, um Blumen zu pflücken. Währenddessen lief der Wolf schnell zum Haus der Großmutter, klopfte an die Tür und durfte eintreten, weil die alte Dame dachte, es sei ihr geliebtes Rotkäppchen. Der Wolf ging in die Stube, sprang zum Bett der Großmutter und fraß sie an einem Stück auf. Als Rotkäppchen schließlich zum Haus kam, wunderte es sich über die geöffnete Tür. Auch in der Stube sah es merkwürdig aus, die Vorhänge waren zugezogen und die Kranke hatte ihre Schlafhaube tief ins Gesicht gezogen. Rotkäppchen wurde es seltsam bang und es fragte mit zitternder Stimme: „Großmutter, was hast du für große Ohren?“ – „Damit ich dich besser hören kann!“, rief es zurück. „Großmutter, was hast du für große Augen?“ – „Damit ich dich besser sehen kann!“ – „Großmutter, was hast du für große Hände?“ – „Damit ich dich besser packen kann.“ Kaum hatte der Wolf den letzten Satz gesprochen, sprang er auch schon aus dem Bett und verschlang auch das arme Rotkäppchen. Der Zufall wollte es jedoch, dass gerade der Jäger am Haus vorbeikam und nach dem Rechten sehen wollte. Er war auf der Suche nach dem Wolf gewesen und besorgt darüber, ihn im Haus zu finden, während von der alten Dame jede Spur fehlte. Der Jäger wollte gerade seine Flinte anlegen, um das Tier zu erschießen, als ihm die Großmutter einfiel. „Vielleicht hat er die alte Frau gefressen und sie ist noch zu retten", dachte er und schnitt dem schlafenden Wolf den Bauch mit einer Schere auf. Er staunte nicht schlecht, als auf einmal nicht nur die Großmutter, sondern auch das kleine Rotkäppchen herauskletterte. Das Mädchen lief hinaus und holte große Wackersteine. Damit füllten sie den Bauch des Wolfes, und als er aufwachte und davonspringen wollte, fiel er auf der Stelle tot um. Rotkäppchen und seine Großmutter umarmten sich glücklich, und das Kind musste versprechen, nie mehr vom rechten Weg abzukommen.

Mandelstollen

Nachdem Rotkäppchen und seine Großmutter das Abenteuer mit dem bösen Wolf gut überstanden haben, kommt Rotkäppchen häufiger zu Besuch. Und weil die Großmutter besonders gern Süßes ist, bringt die Enkelin jedes Mal eine neue Kuchensorte oder Plätzchen mit. In der Adventszeit freut sich die Großmutter besonders über einen Mandelstollen, der so himmlisch nach Marzipan duftet, dass ihr das Wasser im Munde zusammenläuft.

Und das brauchst du dazu:

Für den Teig:

- 500 g Mehl
- 1 Tüte Trockenhefe oder 1 Würfel Frischhefe
- 1/8 l lauwarme Milch
- 125 g Zucker
- 1 Prise Salz
- abgeriebene Schale einer Zitrone (unbehandelt)
- je 1 Prise Muskatblüten und Nelken
- 200 g Butter oder Margarine
- je 100 g geschälte und gehackte Mandeln
- 1 TL Bittermandelöl

Zum Bestreichen:

- 50 g zerlassene Butter

Zum Bestäuben:

- 2 EL Puderzucker

Außerdem:

- Mehl zum Ausrollen
- Backpapier

Vorbereitungszeit:

- 30 Minuten

Ruhezeit:

- 2 Stunden

Backzeit:

- ca. 1 Stunde

Fertigstellung:

- 20 Minuten

Und so wird's gemacht:

1: Fülle das Mehl in eine Schüssel, gib die Hefe in deren Mitte und rühre die Masse mit der Hälfte der Milch und etwas Zucker glatt. Nun deckst du das Ganze ab und lässt es an einem warmen Platz 30 Minuten lang gehen.

2: Füge dann alle übrigen Zutaten hinzu und schlage diese so lange, bis der Teig Blasen wirft und sich vom Schüsselrand löst. Lass den Teig im Anschluss wieder eine Stunde gehen.

3: Heize den Backofen auf 180° C (Gas Stufe 3) auf und bereite das Backblech entsprechend vor.

4: Bestäube die Arbeitsfläche mit Mehl und rolle den Teig zu einem Rechteck aus. Schlage die Längsseiten bis zur Mitte ein, dann die eine Seite über die andere.

5: Lege den Stollen auf das Backblech und backe ihn etwa 1 Stunde. Danach bestäubst du ihn mit Puderzucker.

Adventstee

Natürlich muss es zu so einem Stollen auch etwas Leckeres zu trinken geben. Während sich die Großmutter ein Glas Rotwein genehmigt, lässt sich Rotkäppchen den Adventstee schmecken, den die Mutter ihm in einer Thermoskanne mitgegeben hat. Das Ganze genießen die beiden an einem festlich gedeckten Tisch mit Kerzen und einem Tannengesteck. Hast du nicht Lust, den Tee einmal auszuprobieren?

Und das brauchst du dazu:

- 1 l heißen Hagebuttentee
- 1 Tasse Orangensaft
- 2 EL Honig
- 1/2 TL gemahlener Zimt
- 1 Messerspitze Nelken
- 1 EL Zitronensaft

Rotkäppchens Mutter gibt den Honig, die Gewürze und den Zitronensaft in den heißen Tee. Diese Mischung lässt sie 5 Minuten lang ziehen und serviert den Tee dann in Teegläsern. Das sieht hübsch aus und duftet lecker! Dieser Tee schmeckt besonders gut, wenn du von einem kalten Winterspaziergang nach Hause kommst oder dir beim Schneemann-Bauen kalt geworden ist.

Nachdem die beiden gegessen und getrunken haben, singen sie Weihnachtslieder zur Einstimmung auf Heiligabend. Ihr Lieblingslied ist „O du fröhliche“.

O du fröhliche, o du selige,
gnadenbringende Weihnachtszeit!
Christ ist erschienen, uns zu versühnen;
Freue, freue dich, o Christenheit!

O du fröhliche, o du selige,
gnadenbringende Weihnachtszeit!
Himmlische Heere jauchzen dir Ehre;
Freue, freue dich, o Christenheit!

Aschenputtel

Es war einmal ein reicher Mann, dessen Frau erkrankte und früh verstarb. Die beiden hatten eine Tochter, die schön und fromm war und sehr um ihre Mutter trauerte. Als der Winter kam, heiratete der Vater ein zweites Mal. Diese Frau hatte zwei Töchter, beide schön, jedoch von garstiger Natur. Die beiden konnten ihre jüngste Schwester nicht leiden und nahmen dem Mädchen die schönen Kleider und Schuhe weg. Es musste stattdessen einen alten grauen Kittel und Holzschuhe tragen und sein Brot von diesem Tage an als Küchenmagd verdienen. Die bösen Stiefschwestern taten alles, um ihm das Leben schwer zu machen. Abends, wenn das Mädchen von der harten Arbeit völlig erschöpft war, musste es sich neben dem Herd in die Asche legen. Deshalb wurde es bald von allen Aschenputtel genannt. Eines Tages begab es sich, dass der König ein Fest gab, das drei Tage andauern sollte, damit sein Sohn sich eine passende Ehefrau aussuchen konnte. Alle Jungfrauen des Landes waren eingeladen, so natürlich auch die beiden Schwestern und Aschenputtel. Das Mädchen wäre sehr gern zu diesem Fest gegangen, die Stiefmutter wollte es ihr jedoch nicht erlauben und gab ihr stattdessen eine schwer zu lösende Aufgabe: „Ich habe dir eine Schüssel Linsen in die Asche geschüttet. Wenn du es schaffst, alle Linsen innerhalb von zwei Stunden herauszulesen, dann darfst du mitkommen.“ Daraufhin rief Aschenputtel ihre Freunde, die Täubchen. Diese bat sie um Hilfe und sagte zu ihnen: „Die guten ins Töpfchen, die schlechten ins Kröpfchen.“ Viele weiße Turteltäubchen folgten ihrem Ruf und begannen, alle guten Linsen in eine Schüssel zu lesen. Die Stiefmutter jedoch erlaubte Aschenputtel immer noch nicht zum Ball zu gehen, weil es kein passendes Kleid dafür hatte. Da ging das Mädchen in seiner Not zu seinem Freund, dem Haselbaum, der auf dem Grab seiner Mutter gepflanzt war und rief: „Bäumchen rüttel dich und schüttel dich! Wirf Gold und Silber über mich!“ Da warf der Baum ein silbernes Kleid herunter und Pantoffeln, die mit Seide und Silber bestickt waren. Aschenputtel zog beides an und lief so schnell es konnte zum Schloss des Königs. Weder die Stiefmutter noch die Schwestern erkannten

das Mädchen und glaubten, es sei eine fremde Königstochter, so wunderschön sah es aus. Kaum hatte der Königssohn Aschenputtel erblickt, forderte er es zum Tanz auf und ließ ihre Hand den ganzen Abend nicht mehr los. Um Mitternacht entwischte das Mädchen heimlich, lief nach Hause und brachte Kleid und Schuhe zum Haselbaum. Dann legte es sich wieder in die Asche und tat, als sei nichts geschehen. Auch am zweiten Abend ging Aschenputtel zum Ball und entkam erneut, sodass der Prinz am dritten Abend eine List ersann, um sie am Gehen zu hindern. Er ließ die Schlosstreppe mit Pech bestreichen, und als das Mädchen hinunterlief, blieb ein Pantoffel auf dem Absatz kleben. Am nächsten Morgen ließ der Königssohn die Nachricht über das ganze Land verbreiten, dass er nur das Mädchen heiraten wolle, dem der Pantoffel gehöre und keine andere. Die beiden bösen Schwestern freuten sich, als sie dies hörten, weil sie schöne Füße hatten und sich gewiss waren, dass ihnen der Schuh passen würde. Doch es zeigte sich, dass beide zu große Füße hatten.

Ihre Mutter gab ihnen den Rat, sich ein Stück von der Ferse abzuhacken. Und so kam es, dass der Königssohn eine von ihnen als Braut auf sein Pferd nahm und mit ihr davonritt. Als sie an dem Haselbaum vorbeikamen, riefen die Tauben „Rucke di gu, rucke di gu, Blut ist im Schuh. Der Schuh ist zu klein, die rechte Braut sitzt noch daheim!" Da brachte der Königssohn die Schwester zurück und erkundigte sich, ob dort noch ein anderes Mädchen wohne. Die Stiefmutter erzählte ihm wider Willen von Aschenputtel, das daraufhin gerufen wurde. Das Mädchen wusch sich Gesicht und Hände und ließ sich den Pantoffel überstreifen, der wie angegossen passte. Und als es sich aufrichtete und dem Königssohn direkt ins Gesicht sah, erkannte dieser in ihr die Tänzerin der vergangenen drei Nächte. Er rief: „Das ist die rechte Braut", und sowohl die Stiefmutter als auch die beiden Schwestern erschraken fürchterlich und wurden bleich vor Wut. Der Königssohn jedoch hob Aschenputtel auf sein Pferd und ritt mit ihm fort zu seinem Schloss, um Hochzeit zu halten. Dort lebten sie glücklich und zufrieden bis an ihr Lebensende.